초등 글쓰기 기초를 세우다

하루 1장 기적

고사성어 따라 쓰기

글 조영경 | 그림 윤유리

㈜고은문화사

| 머리말 |

고사성어는 한자로 이루어진 말이에요.

한자는 글자 하나 하나 뜻을 가지고 있어요. 한자라고 하면 어렵고 골치 아프다고 생각할 거예요. 그런데 우리말에 한자를 떼어놓고는 생각하기 힘들어요. 우리말에는 순수 고유어도 있지만 한자어도 많거든요. 쓰기는 한글로 쓰지만 한자 뜻을 가진 단어가 많아요. 예를 들어서 '중간'은 한자어예요. '中間'이라고 쓰지요. 여기에서 '중(中)'은 '가운데'라는 뜻이에요. '간(間)'은 '사이'라는 뜻이 있어요. 한자의 뜻대로 해석하면 '중간'은 '두 사물의 가운데'를 뜻하지요. 한자의 뜻은 다른 단어에서도 그대로 사용해요. '중간'뿐만 아니라 '중(中)'을 쓰는 '중심', '중앙', '상중하' 모두 가운데를 뜻해요.

고사성어는 대부분 네 글자로 되어 있어요. 네 글자를 모아 풀이하면 재미있는 이야기가 돼요. 이야기에는 교훈도 들어 있고 역사적인 사건도 담겨 있답니다.

이 책은 고사성어를 쉽게 풀이했어요. 한자를 보는 것뿐만 아니라 쓰는 연습도 할 수 있어요. 처음에는 어렵다 생각되겠지만 여러 번 써보면 익숙해지는 한자도 있을 거예요. 또한 우리가 자주 사용하는 한자를 다른 단어에는 어떻게 활용하는지도 담았지요. 고사성어를 연습하면 재미있는 이야기도 듣고 한자 공부도 되고 그야말로 '일석이조(一石二鳥)'예요.

_조영경

| 차례 |

1 각주구검(刻舟求劍) …… 8
2 개과천선(改過遷善) …… 10
3 결초보은(結草報恩) …… 12
4 관포지교(管鮑之交) …… 14
5 괄목상대(刮目相對) …… 16
6 교언영색(巧言令色) …… 18
7 구사일생(九死一生) …… 20
8 군계일학(群鷄一鶴) …… 22
9 권토중래(捲土重來) …… 24
10 기인지우(杞人之憂) …… 26
11 누란지위(累卵之危) …… 28
12 낭중지추(囊中之錐) …… 30

13 다다익선(多多益善) …… 32
14 당랑거철(螳螂拒轍) …… 34
15 대기만성(大器晚成) …… 36
16 도원결의(桃園結義) …… 38
17 마부작침(磨斧作針) …… 40
18 마이동풍(馬耳東風) …… 42
19 명불허전(名不虛傳) …… 44
20 목불식정(目不識丁) …… 46
21 백발백중(百發百中) …… 48
22 사면초가(四面楚歌) …… 50
23 삼고초려(三顧草廬) …… 52
24 새옹지마(塞翁之馬) …… 54
25 순망치한(脣亡齒寒) …… 56

- 26 양두구육(羊頭狗肉) …… 58
- 27 양약고구(良藥苦口) …… 60
- 28 어부지리(漁父之利) …… 62
- 29 연목구어(緣木求魚) …… 64
- 30 오월동주(吳越同舟) …… 66
- 31 와각지쟁(蝸角之爭) …… 68
- 32 와신상담(臥薪嘗膽) …… 70
- 33 용두사미(龍頭蛇尾) …… 72
- 34 우공이산(愚公移山) …… 74
- 35 유비무환(有備無患) …… 76
- 36 의기양양(意氣揚揚) …… 78
- 37 일거양득(一擧兩得) …… 80

🔴 38 절차탁마(切磋琢磨) …… 82
🔴 39 정중지와(井中之蛙) …… 84
🔴 40 조삼모사(朝三暮四) …… 86
🟢 41 중과부적(衆寡不敵) …… 88
🟢 42 천고마비(天高馬肥) …… 90
🟢 43 청출어람(靑出於藍) …… 92
🟢 44 촌철살인(寸鐵殺人) …… 94
🟢 45 타산지석(他山之石) …… 96
🟣 46 파죽지세(破竹之勢) …… 98
🟣 47 형설지공(螢雪之功) …… 100
🟣 48 호가호위(狐假虎威) …… 102
🟣 49 환골탈태(換骨奪胎) …… 104
🟣 50 후안무치(厚顔無恥) …… 106

1 각주구검 [刻舟求劍]

새길 **각** 배 **주** 구할 **구** 칼 **검**

어리석고 미련하며 융통성도 없다는 뜻이에요.
잃어버린 공을 찾는다며 굴러간 건 생각하지도 않고
공이 떨어진 자리만 찾는 것처럼요.

⭐ **한자의 음과 뜻을 소리 내어 읽으며 따라 써 봐요.**

刻	舟	求	劍

배에 새겨 칼을 구한다는 뜻이에요. 움직이는 배에 새겨 놔 봤자 소용없는데도 말이에요. '구(求)'는 구한다는 뜻이에요. 사람을 구한다는 '구인(求人)', 직업을 구한다는 '구직(求職)' 그리고 무언가를 달라고 요구하는 '청구(請求)'에도 써요.

비슷한 고사성어 수주대토(守株待兎)

⭐ **고사성어를 읽으며 따라 써 봐요.**

| 각 | 주 | 구 | 검 |

⭐ **고사성어의 뜻을 생각하며 따라 써 봐요.**

어리석고 융통성이 없다.

유래

옛날 중국의 한 젊은이가 아끼는 칼을 들고 배를 탔어요. 그러다가 강 한가운데에서 그만 칼을 강물에 떨어뜨렸지요. 그러자 젊은이는 얼른 칼을 떨어뜨린 곳에 표시를 했어요. 배가 움직이는 것은 생각도 못하고 나중에 찾겠다고 말이에요.

2. 개과천선 [改過遷善]

고칠 **개** 지날 **과** 옮길 **천** 착할 **선**

잘못을 뉘우치고 착한 사람이 되었다는 뜻이에요.
만날 숙제도 안 해오고 말썽만 부리던 친구가
갑자기 모범생이 된 것처럼 말이에요.

⭐ **한자의 음과 뜻을 소리 내어 읽으며 따라 써 봐요.**

改	過	遷	善	改	過	遷	善

지난 잘못을 고치고 착하게 바뀌었다는 뜻이에요. '개(改)'는 고치다는 뜻이에요. '선(善)'은 착하다는 뜻도 있고, 잘하다는 뜻도 있어요. 이 두 글자가 합쳐진 '개선(改善)'은 나쁜 점을 좋게 바꾼다는 뜻이에요. **비슷한 고사성어** 회과천선(悔過遷善)

⭐ **고사성어를 읽으며 따라 써 봐요.**

| 개 | 과 | 천 | 선 |

⭐ **고사성어의 뜻을 생각하며 따라 써 봐요.**

잘못을 뉘우치고 착한 사람이 되다.

유래

옛날에 버릇없고 동네 사람들을 괴롭히는 '주자'라는 사람이 있었어요. 그러던 어느 날 자신의 잘못을 깨닫고 열심히 공부해 훌륭한 학자가 되었다고 해요. '개과천선'은 주자의 이야기에서 유래한 고사성어예요.

3 결초보은 [結草報恩]

맺을 **결** 풀 **초** 갚을 **보** 은혜 **은**

은혜 입은 것을 잊지 않고 꼭 보답하겠다는 뜻이에요. 흥부가 다리를 고쳐주자 박 씨를 물어다 준 제비처럼 말이에요.

⭐ **한자의 음과 뜻을 소리 내어 읽으며 따라 써 봐요.**

結	草	報	恩	結	草	報	恩

풀을 엮어서라도 은혜를 갚겠다는 뜻이에요. '보은(報恩)'만으로도 은혜를 갚는다는 뜻이에요. 또 '맺는다'는 뜻의 결(結)은 부부로 맺는다는 뜻인 '결혼(結婚)', 서로 연결한다는 뜻의 '연결(連結)'에도 쓰여요. **비슷한 고사성어** 백골난망(白骨難忘)

⭐ **고사성어를 읽으며 따라 써 봐요.**

| 결 | 초 | 보 | 은 | 결 | 초 | 보 | 은 |

⭐ **고사성어의 뜻을 생각하며 따라 써 봐요.**

죽어서도 은혜를 잊지 않고 갚다.

유래

옛날 어느 전투에서 적장이 무덤 위의 풀에 걸려 넘어졌어요. 무덤 주인은 적장을 쫓던 군인에게 예전에 은혜를 입은 사람이었지요. 혼령이 되어서도 은인을 도왔듯이 죽어서도 은혜를 잊지 않고 갚겠다는 말이에요.

4 관포지교 [管鮑之交]

대롱 관 절인 물고기 포 갈 지 사귈 교

친구 사이가 아주 좋다는 뜻이에요. 단짝 친구는 평소에는 물론 싸워도 금방 화해하고 다시 사이가 좋아지는 것처럼요.

★ 한자의 음과 뜻을 소리 내어 읽으며 따라 써 봐요.

管	鮑	之	交

管	鮑	之	交

'관포(管鮑)'는 관중과 포숙아라는 사람을 말해요. '지(之)'는 '~의'라는 뜻으로, 관중과 포숙아의 사귐이라는 뜻이에요. '사귄다'는 뜻의 '교(交)'는 나라와 나라 사이에 외교를 맺는 '국교(國交)', 여러 사람이 모여서 친해지는 '사교(社交)' 등에 쓰여요.

비슷한 고사성어 수어지교(水魚之交)

⭐ **고사성어를 읽으며 따라 써 봐요.**

| 관 | 포 | 지 | 교 |

⭐ **고사성어의 뜻을 생각하며 따라 써 봐요.**

친구 사이의 우정이 두텁다.

유래

관중과 포숙아는 서로 잘잘못을 따지지 않고 너그러이 여겼으며, 목숨을 구해주기도 했어요. 관중이 '나를 낳은 것은 부모지만 나를 아는 것은 포숙아다.'고 할 정도로 포숙아와 우정이 두터웠다고 해요. 둘 사이의 우정에서 유래한 고사성어예요.

5 괄목상대 [刮目相對]

긁을 괄 눈 목 서로 상 대할 대

아는 것이나 재주가 깜짝 놀랄 만큼 나아졌을 때 쓰는 말이에요. 방학 동안 친구의 피아노 솜씨가 아주 많이 늘어났을 때처럼요.

⭐ **한자의 음과 뜻을 소리 내어 읽으며 따라 써 봐요.**

| 刮 | 目 | 相 | 對 | | 刮 | 目 | 相 | 對 |

'괄목(刮目)'은 눈을 비비다는 뜻이고 '상대(相對)'는 서로 마주하는 대상을 말해요. 눈을 비비고 상대를 볼 만큼 몰라보게 변했다는 뜻이지요. '목(目)'은 눈을 말해요. '목전(目前)'은 눈앞을 말하며, 아주 가까운 미래를 뜻하기도 해요.

비슷한 고사성어 일진월보(日進月步)

⭐ 고사성어를 읽으며 따라 써 봐요.

| 괄 | 목 | 상 | 대 |

| 괄 | 목 | 상 | 대 |

⭐ 고사성어의 뜻을 생각하며 따라 써 봐요.

학문이나 재주가 놀랄 만큼 발전하다.

유래

옛날 무술만 잘 하고 무식한 장수가 있었어요. 그런데 '큰일을 하려면 학문도 닦아야 한다.'는 말을 듣고 열심히 책을 읽었어요. 전쟁터에서도 책을 읽을 정도로 공부한 장수는 예전과 달리 똑똑해져서 사람들이 다시 보았다는 이야기에서 유래했어요.

6 교언영색 [巧言令色]

공교할 **교** 말씀 **언** 하여금 **령** 빛 **색**

잔뜩 꾸민 말과 표정으로 아첨한다는 뜻이에요.
반장 후보로 나온 친구가 표를 얻기 위해
친구들 앞에서는 평소와 달리
아주 친절한 표정을 짓듯이요.

★ 한자의 음과 뜻을 소리 내어 읽으며 따라 써 봐요.

| 巧 | 言 | 令 | 色 | 巧 | 言 | 令 | 색 |

교묘한 말과 예쁘게 꾸민 얼굴빛이라는 뜻이에요. 다른 사람을 속이기 위해 말과 표정을 꾸민다는 뜻이지요. '시킨다'는 뜻의 '영(令)'은 아름답다는 뜻도 있어요. '색(色)'은 색깔이라는 뜻 이외에 얼굴빛이라는 뜻도 있지요. **비슷한 고사성어** 표리부동(表裏不同)

⭐ **고사성어를 읽으며 따라 써 봐요.**

| 교 | 언 | 영 | 색 | | 교 | 언 | 영 | 색 |

⭐ **고사성어의 뜻을 생각하며 따라 써 봐요.**

듣기 좋은 말로 사람을 속이다.

유래: 공자가 '말을 교묘하게 하고 얼굴빛을 좋게 꾸미는 사람 가운데 어진 사람은 드물다'고 한 말에서 유래했어요. 공자는 어진 사람이란 성격이 굳세고 꾸미지 않고 소박한 사람이라고 했어요.

7 구사일생 [九死一生]

아홉 **구** 죽을 **사** 한 **일** 날 **생**

여러 차례 고비를 넘기고 겨우 목숨을 구했다는 뜻이에요. 계단에서 넘어질 뻔하다가 겨우 중심을 잡았을 때처럼요.

★ 한자의 음과 뜻을 소리 내어 읽으며 따라 써 봐요.

九	死	一	生

아홉 번 죽을 뻔하다가 한 번 살아났다는 말이에요. '일생(一生)'은 한평생을 말하기도 해요. '생(生)'은 태어나다는 뜻으로, '생일(生日)'은 태어난 날을 말해요. 그리고 '생(生)'과 '사(死)'를 합친 '생사(生死)'는 삶과 죽음을 말해요.

비슷한 고사성어 기사회생(起死回生)

⭐ **고사성어를 읽으며 따라 써 봐요.**

⭐ **고사성어의 뜻을 생각하며 따라 써 봐요.**

죽을 고비를 넘기고 목숨을 건지다.

유래: 옛날 한 정치가이자 시인이 간신들의 모함으로 벼슬에서 쫓겨났어요. 너무 억울해서 남긴 시에서 유래했어요. 원래는 '아홉 번 죽는 동안 한 번도 살아남지 못했다.'였는데 훗날 '아홉 번 죽을 뻔하다가 간신히 살아나다.'로 바뀌었어요.

8 군계일학 [群鷄一鶴]

무리 **군** 닭 **계** 한 **일** 학 **학**

많은 사람들 가운데 뛰어난 사람을 말해요.
우리 반 축구 대표 가운데 다섯 골이나 넣은 친구가
유독 눈에 띄듯이 말이에요.

★ 한자의 음과 뜻을 소리 내어 읽으며 따라 써 봐요.

群	鷄	一	鶴

닭 무리에 학 한 마리라는 뜻이에요. 키가 작은 닭 사이에 키가 큰 학은 금방 눈에 띄겠지요. '군(群)'은 무리라는 뜻이에요. 한곳에 많이 모인 사람을 '군중(群衆)', 많은 무리의 집단을 '군단(群團)'이라고 해요. 비슷한 고사성어 계군일학(鷄群一鶴)

⭐ **고사성어를 읽으며 따라 써 봐요.**

군	계	일	학

⭐ **고사성어의 뜻을 생각하며 따라 써 봐요.**

많은 사람 가운데 가장 뛰어나다.

유래

한 선비가 억울한 누명을 쓰고 말았어요. 그 아들은 아주 똑똑했지만 아버지가 죄인이라 벼슬에 오를 수 없었지요. 하지만 아버지 친구의 도움으로 벼슬에 올랐는데, 그 아들이 많은 사람들 중에 단연 돋보였다는 이야기에서 유래했어요.

9 권토중래 [捲土重來]

말 **권** 흙 **토** 거듭 **중** 올 **내**

실패했어도 다시 도전한다는 말이에요.
시합에서 졌다고 해서 포기하지 않고 더 열심히
연습해 다음 시합을 준비하듯이요.

⭐ **한자의 음과 뜻을 소리 내어 읽으며 따라 써 봐요.**

| 捲 | 土 | 重 | 來 | 捲 | 土 | 重 | 來 |

흙먼지를 말아 일으키며 다시 온다는 뜻이에요. 흙에서 먼지를 일으킬 정도면 웬만한 기세가 아니면 안 돼요. 그만큼 단단히 각오를 하고 달려온다는 뜻이지요. '중(重)'은 '거듭' 즉 '다시'라는 뜻이에요. 겹친다는 뜻의 '중복(重複)', 두 겹을 뜻하는 '이중(二重)'에 써요.
비슷한 고사성어 사회부연(死灰復燃)

⭐ **고사성어를 읽으며 따라 써 봐요.**

| 권 | 토 | 중 | 래 |

⭐ **고사성어의 뜻을 생각하며 따라 써 봐요.**

실패한 후 실력을 키워 다시 도전하다.

 유래

중국의 항우와 유방이 싸우다가 그만 항우가 졌어요. 항우가 모든 것을 포기하자 한 시인이 안타까운 마음을 시로 나타냈지요. 항우가 포기하지 않고 다시 군사를 일으켰으면 좋았을 텐데 하는 구절에서 유래했어요.

10 기인지우 [杞人之憂]

구기자 **기** 사람 **인** 갈 **지** 근심 **우**

쓸데없는 걱정을 말해요.
키가 너무 자라서 하늘에 닿으면 어쩌나,
외계인이 우리 학교를 공격하면
어쩌나 하는 걱정처럼요.

★ **한자의 음과 뜻을 소리 내어 읽으며 따라 써 봐요.**

杞	人	之	憂	杞	人	之	憂

기인지우는 '기우'라고도 해요. '기(杞)'는 나라 이름으로, 기나라 사람의 근심이라는 뜻이에요. 근심이라는 뜻의 '우(憂)'는 집안의 복잡한 일이나 환자가 생겨 걱정이라는 '우환(憂患)', 근심이나 걱정을 뜻하는 '우려(憂慮)'에 써요. **비슷한 고사성어** 기인우천(杞人憂天)

⭐ **고사성어를 읽으며 따라 써 봐요.**

| 기 | 인 | 지 | 우 |

⭐ **고사성어의 뜻을 생각하며 따라 써 봐요.**

쓸데없는 걱정을 하다.

유래

옛날 기나라에 걱정이 많은 사람이 있었어요. 하늘이 무너지면 어쩌나 땅이 꺼지면 어쩌나 걱정만 하느라 잠도 못자고 밥도 잘 못 먹었대요. 그래서 사람들이 쓸데없는 걱정을 '기나라 사람의 걱정'이라고 한 데서 유래했어요.

11 누란지위 [累卵之危]

묶을 **루** 알 **란** 갈 **지** 위태할 **위**

위태위태한 상황을 말해요. 마구잡이로 책을 높이 쌓았거나, 피구를 할 때 동점인 상황에서 상대팀이 공을 가졌을 때처럼요.

★ 한자의 음과 뜻을 소리 내어 읽으며 따라 써 봐요.

累	卵	之	危	累	卵	之	危

달걀을 쌓아 놓은 듯이 위태롭다는 뜻이에요. '위(危)'는 불안하고 위태롭다는 뜻이에요. 안전하지 않다는 '위험(危險)', 마음을 놓을 수 없을 만큼 위험하다는 '위태(危殆)', 몹시 위태롭고 급하다는 '위급(危急)' 등에 써요. **비슷한 고사성어** 풍전등화(風前燈火)

★ **고사성어를 읽으며 따라 써 봐요.**

| 누 | 란 | 지 | 위 |

★ **고사성어의 뜻을 생각하며 따라 써 봐요.**

상태나 형편이 위태롭고 위험하다.

유래: 중국 위나라 '범수'라는 사람이 제나라에 갔다가 억울한 누명을 쓰고 감옥에 갇혔어요. 간신히 탈출을 하자 진나라 사신이 '진나라가 달걀을 쌓아 놓은 것보다 위태롭다.'며 범수에게 진나라로 망명하라고 한 이야기에서 유래했어요.

12 낭중지추 [囊中之錐]

주머니 낭 가운데 중 갈 지 송곳 추

뛰어난 사람은 숨어 있어도 눈에 띄게 마련이라는 뜻이에요.
전교생이 운동장에서 똑같이 춤을 추어도
눈에 띄는 친구가 있듯이요.

★ **한자의 음과 뜻을 소리 내어 읽으며 따라 써 봐요.**

| 囊 | 中 | 之 | 錐 | 囊 | 中 | 之 | 錐 |

주머니 속의 송곳이라는 말이에요. 송곳은 삐죽해서 아무리 주머니에 넣어도 티가 난다는 뜻이지요. '중(中)'은 가운데라는 뜻이에요. '중간(中間)', '중앙(中央)', '중부(中部) 지역' 모두 가운데를 말해요. **비슷한 고사성어** 와룡봉추(臥龍鳳雛)

★ **고사성어를 읽으며 따라 써 봐요.**

| 낭 | 중 | 지 | 추 |

| 낭 | 중 | 지 | 추 |

★ **고사성어의 뜻을 생각하며 따라 써 봐요.**

뛰어난 사람은 남의 눈에 띈다.

유래

옛날 중국에서 뛰어난 군사를 뽑는데 낯선 젊은이가 자신을 뽑아 달라 했어요. 뛰어난 사람은 주머니 속 송곳 끝이 밖으로 나오듯 눈에 띄기 마련인데 통 눈에 들지 않았다고 하자 젊은이는 일단 자기를 주머니 안에 넣어 달라고 했다는 이야기에서 유래했어요.

13 다다익선 [多多益善]

많을 **다** 많을 **다** 더할 **익** 착할 **선**

많을수록 좋다는 뜻이에요. 뷔페에 갔을 때 음식 종류가 많으면 많을수록 좋고, 게임아이템이 많으면 많을수록 좋듯이 말이에요.

★ 한자의 음과 뜻을 소리 내어 읽으며 따라 써 봐요.

多	多	益	善	多	多	益	善

많고 많으면 더더욱 좋다는 뜻이에요. '많다'는 뜻의 '다(多)'는 정이 많다는 뜻의 '다정(多情)', 아이가 많다는 뜻이 '다자녀(多子女)'에 써요. '익(益)'은 이롭다는 뜻이에요. 보탬이 된다는 '이익(利益)', 사회 전체에 이익이 된다는 '공익(公益)'에 써요.

비슷한 고사성어 다다익판(多多益辦)

⭐ **고사성어를 읽으며 따라 써 봐요.**

| 다 | 다 | 익 | 선 |

⭐ **고사성어의 뜻을 생각하며 따라 써 봐요.**

많으면 많을수록 더욱 좋다.

유래

옛날 중국 한 나라의 왕이 부하인 장수에게 물었어요. 왕인 자신이 군사를 얼마나 거느릴 수 있을지 말이에요. 그러자 장수는 10만 명이라고 했어요. 그리고 자신은 많으면 많을수록 잘 지휘할 수 있다고 한 이야기에서 유래했어요.

14 당랑거철 [螳螂拒轍]

사마귀 당 사마귀 랑 막을 거 바퀴 자국 철

자기 분수도 모르고 강한 사람에게
함부로 덤빈다는 뜻이에요.
중학교 유도 선수한테 한판 붙자고 하는
초등학생처럼요.

★ 한자의 음과 뜻을 소리 내어 읽으며 따라 써 봐요.

| 螳 | 螂 | 拒 | 轍 | 螳 | 螂 | 拒 | 轍 |

'당랑(螳螂)'은 사마귀를 말해요. 사마귀가 수레를 막겠다고 나서니 정말 무모하지요. 막는다는 뜻의 '거(拒)'는 '거절(拒絶)', '거부(拒否)'처럼 상대방의 말이나 의견을 받아들이지 않을 때 사용해요. 비슷한 고사성어 당랑지부(螳螂之斧).

⭐ **고사성어를 읽으며 따라 써 봐요.**

| 당 | 랑 | 거 | 철 |

⭐ **고사성어의 뜻을 생각하며 따라 써 봐요.**

자기 분수도 모르고 함부로 덤비다.

유래

중국의 한 왕족이 수레를 타고 사냥터에 가던 중이었어요. 사람들은 왕족의 행차를 보고 모두 물러섰지요. 그런데 사마귀 한 마리가 나타나 앞발을 들고 수레바퀴를 칠 듯이 서 있었어요. 작은 사마귀가 큰 수레를 막는 모습에서 유래했어요.

15 대기만성 [大器晩成]

클 대 그릇 기 늦을 만 이룰 성

크게 될 사람은 늦게라도 성공한다는 뜻이에요. 꾸준히 취업 준비한 삼촌이 결국에는 좋은 직장에 취직하는 것처럼요.

★ **한자의 음과 뜻을 소리 내어 읽으며 따라 써 봐요.**

大 器 晩 成

큰 그릇은 만드는 데 오래 걸린다는 뜻이에요. 큰 그릇은 크게 될 사람을 말해요. 크다는 뜻의 '대(大)'와 이루다는 뜻의 '성(成)'이 합쳐져 크게 이룬다는 뜻의 '대성(大成)'이 돼요. '성(成)'은 '성공(成功)'에도 써요. **비슷한 고사성어** 대재만성(大才晩成)

⭐ **고사성어를 읽으며 따라 써 봐요.**

대	기	만	성

⭐ **고사성어의 뜻을 생각하며 따라 써 봐요.**

크게 될 사람은 늦게라도 성공한다.

유래: 옛날 몸도 튼튼하고 재능도 뛰어난 장군이 있었어요. 장군에게는 사촌동생이 있었는데, 장군과 달리 볼품없고 재주도 없었지요. 하지만 장군은 큰 그릇은 늦게 만들어진다면서 사촌동생을 격려했어요. 그리고 나중에 사촌동생이 큰 사람이 되었다는 데에서 유래했어요.

16 도원결의 [桃園結義]

복숭아 **도** 동산 **원** 맺을 **결** 옳을 **의**

의형제를 맺는다는 뜻이에요. 어렸을 때부터 같이 놀던 친구들끼리 삼총사를 만들어 함께 어울리듯이요.

⭐ **한자의 음과 뜻을 소리 내어 읽으며 따라 써 봐요.**

| 桃 | 園 | 結 | 義 | 桃 | 園 | 結 | 義 |

복숭아밭에서 의형제를 맺는다는 뜻이에요. 옳다는 뜻의 '의(義)'는 의리라는 뜻도 있어요. '의형제(義兄弟)'는 의리로 맺은 형제를 말해요. '의리(義理)'는 사람으로서 지켜야 할 도리에요. 의리에 어긋나는 것을 '불의(不義)'라고 하지요.

비슷한 고사성어 의기투합(意氣投合)

⭐ **고사성어를 읽으며 따라 써 봐요.**

| 도 | 원 | 결 | 의 |

⭐ **고사성어의 뜻을 생각하며 따라 써 봐요.**

뜻이 맞는 사람끼리 마음을 모으다.

유래: 〈삼국지〉에 등장하는 유비와 관우 그리고 장비는 황건적이 난을 일으키자 유비의 집에 모였어요. 그리고 군사를 일으킬 것을 의논하고 복숭아밭에서 의형제를 맺기로 맹세했다는 이야기에서 유래했어요.

17 마부작침 [磨斧作針]

갈 **마** 도끼 **부** 지을 **작** 바늘 **침**

끊임없이 노력하면 성공을 거둘 수 있다는 말이에요.
절대 안 될 것 같던 텀블링을 연습하면
멋지게 해낼 수 있듯이요.

★ **한자의 음과 뜻을 소리 내어 읽으며 따라 써 봐요.**

| 磨 | 斧 | 作 | 針 | 磨 | 斧 | 作 | 針 |

커다란 도끼를 열심히 갈아서 아주 가느다란 바늘을 만든다는 말이에요. 아무리 어려운 일이라도 끈기 있게 하면 성공한다는 뜻이지요. '작(作)'은 만든다는 뜻이에요. 무언가를 만드는 사람을 '작가(作家)'라고 하고 작가가 만든 것을 '작품(作品)'이라고 해요.

비슷한 고사성어 마부위침(磨斧爲針)

⭐ **고사성어를 읽으며 따라 써 봐요.**

| 마 | 부 | 작 | 침 | | 마 | 부 | 작 | 침 |

⭐ **고사성어의 뜻을 생각하며 따라 써 봐요.**

꾸준히 노력하면 이룰 수 있다.

유래: 중국의 유명한 시인 이백은 산에서 공부를 하다가 싫증이 나 내려오는 길이었어요. 한 할머니가 냇가에서 도끼를 갈며 바늘을 만드는 중이라고 했지요. 그 말을 듣고 이백은 불가능할 거라고 했지만 할머니는 중간에 그만두지 않고 열심히 갈면 할 수 있을 거라고 했어요. 그 말을 들은 이백은 산으로 돌아가 열심히 공부했다는 이야기에서 유래해요.

18 마이동풍 [馬耳東風]

말 마 귀 이 동녘 동 바람 풍

다른 사람의 말을 귀담아 듣지 않는다는 뜻이에요. 부모님이 아무리 숙제 먼저 하고 게임하라고 해도 게임부터 해서 밤늦게까지 숙제하듯이요.

★ **한자의 음과 뜻을 소리 내어 읽으며 따라 써 봐요.**

馬	耳	東	風	馬	耳	東	風

말 귀에 동쪽 바람이 분다는 말이에요. 봄을 알리는 동풍이 아무리 불어도 말은 알지 못한다는 뜻이에요. '동(東)'과 바람을 뜻하는 '풍(風)'이 합쳐 동쪽에서 부는 바람인 '동풍(東風)'이 돼요. 바다를 뜻하는 '해(海)'와 합치면 동쪽 바다인 '동해(東海)'가 되지요.

비슷한 고사성어 대우탄금(對牛彈琴)

⭐ **고사성어를 읽으며 따라 써 봐요.**

마	이	동	풍

마	이	동	풍

⭐ **고사성어의 뜻을 생각하며 따라 써 봐요.**

남의 말을 귀담아 듣지 않다.

유래: 중국 시인 이백이 살던 때는 오랑캐와 싸워 공을 세워야 인정을 받았다고 해요. 그런 상황을 슬퍼하며 친구가 편지를 보내자 이백 역시 '좋은 시를 쓰고, 충고를 해도 알아주지 않는 시대'를 한탄하며 쓴 시에서 유래했어요.

19 명불허전 [名不虛傳]

이름 명 아니 불 빌 허 전할 전

알려진 것만큼 실력이 뛰어나다는 거예요.
소문난 맛집을 소개 받고 가 보니
알려진 대로 정말 맛있는 것처럼요.

⭐ **한자의 음과 뜻을 소리 내어 읽으며 따라 써 봐요.**

| 名 | 不 | 虛 | 傳 | 名 | 不 | 虛 | 傳 |

'허전(虛傳)'은 거짓으로 전하는 말이에요. 불(不)은 아니라는 뜻이니, 이름이 거짓으로 전해지지 않는다는 뜻이지요. 전하다는 뜻의 '전(傳)'은 예로부터 전해오는 이야기인 '전설(傳說)', 명령을 다른 사람에게 전하는 '전달(傳達)'에 써요.

비슷한 고사성어 명불허득(名不虛得)

⭐ 고사성어를 읽으며 따라 써 봐요.

명	불	허	전

⭐ 고사성어의 뜻을 생각하며 따라 써 봐요.

명성이 전해오는 까닭이 있다.

유래 중국의 한 재상은 찾아오는 손님들을 잘 대접하는 것으로 유명했어요. 그러던 어느 날, 이 재상이 억울한 누명을 썼어요. 그러자 평소 대접 받았던 손님들이 재상을 탈출하게 했지요. 손님을 잘 대접했던 명성이 헛되지 않았다는 데서 유래했어요.

20 목불식정 [目不識丁]

눈 **목** 아니 **불** 알 **식** 고무래 **정**

아무것도 모르는 무식한 사람을 뜻해요.
수학 시간에 곱셈을 하려는데
구구단도 모르는 경우처럼요.

⭐ **한자의 음과 뜻을 소리 내어 읽으며 따라 써 봐요.**

目	不	識	丁	目	不	識	丁

고무래는 곡식이나 아궁이 재를 긁어모으는 데 사용하는 '丁' 자 모양의 기구예요. 그 고무래를 보고도 정(丁)을 모른다는 뜻이에요. 우리나라 속담에 '낫 놓고 ㄱ자도 모른다'는 속담과 비슷해요. **비슷한 고사성어** 불식일정(不識一丁)

⭐ 고사성어를 읽으며 따라 써 봐요.

| 목 | 불 | 식 | 정 | | 목 | 불 | 식 | 정 |

⭐ 고사성어의 뜻을 생각하며 따라 써 봐요.

글자를 모를 정도로 무식하다.

유래

한 사내가 벼슬길에 올랐어요. 그런데 배운 것도 별로 없고 성질도 고약해 부하들에게 '목불식정만도 못하다!'고 화만 냈어요. 그러자 부하들이 반란을 일으켜 쫓아냈지요. 그 소식을 들은 왕이 '그 사람이야 말로 목불식정이고'라고 했다는 이야기에서 유래했어요.

21 백발백중 [百發百中]

일백 **백** 필 **발** 일백 **백** 가운데 **중**

모든 일이 계획한 대로 잘 되거나 다 들어맞는다는 뜻이에요.
예상했던 문제들이 시험에 다 나오는 것처럼 말이에요.

⭐ **한자의 음과 뜻을 소리 내어 읽으며 따라 써 봐요.**

百 發 百 中   百 發 百 中

'발(發)'은 총이나 화살을 세는 단위로, 백 발은 백 번 쏘았다는 말이에요. 백 발이 모두 가운데를 맞출 정도로 잘 들어맞는다는 뜻이지요. 또 '나타나다'는 뜻도 있어서 불이 나기 시작했다는 '발화(發火)', 병이 난다는 '발병(發病)', 어떤 일이 생겨나는 '발생(發生)' 등에 써요. **비슷한 고사성어** 일발필중(一發必中)

⭐ 고사성어를 읽으며 따라 써 봐요.

| 백 | 발 | 백 | 중 |

| 백 | 발 | 백 | 중 |

⭐ 고사성어의 뜻을 생각하며 따라 써 봐요.

모든 일에 실패가 없다.

유래 옛날에 활을 아주 잘 쏘는 청년이 있었어요. 실력이 얼마나 뛰어난지 엄지손가락보다 작은 버드나무 잎을 놓고 쏘아도 맞출 정도였어요. 청년이 백 발을 쏘면 백 발 다 명중한다는 데서 유래했어요.

22 사면초가 [四面楚歌]

넉 **사** 낯 **면** 초나라 **초** 노래 **가**

어려움에 싸여 아무런 도움도 받지 못한다는 뜻이에요. 아무도 없는 공중 화장실에서 볼일을 보고 휴지가 없는 걸 알았을 때처럼 말이에요.

★ 한자의 음과 뜻을 소리 내어 읽으며 따라 써 봐요.

四	面	楚	歌	四	面	楚	歌

'사면(四面)'은 네 개의 면을 말하고 '가(歌)'는 노래를 뜻해요. 사방에서 초나라 노래가 들려 곤란한 상황이라는 뜻이지요. '가(歌)'는 노래를 부르는 사람인 '가수(歌手)' 그리고 나라를 대표하는 노래인 국가(國歌)와 학교를 상징하는 노래인 교가(校歌)에 써요.

비슷한 고사성어 고립무원(孤立無援)

⭐ **고사성어를 읽으며 따라 써 봐요.**

| 사 | 면 | 초 | 가 |

⭐ **고사성어의 뜻을 생각하며 따라 써 봐요.**

몹시 어려운 일을 당해 곤란하다.

유래: 초나라와 한나라가 싸울 때 이야기예요. 오래된 전투에 지친 초나라 군대는 한나라 군대에 둘러싸여 있었어요. 그때 초나라 노래가 들리자 초나라 군사들은 고향 생각에 도망쳤다는 이야기에서 유래했어요.

23 삼고초려 [三顧草廬]

석 **삼** 돌아볼 **고** 풀 **초** 농막집 **려**

뛰어난 인재를 얻으려면 정성을 들여야 한다는 뜻이에요. 축구 실력이 뛰어난 친구를 우리 편으로 들이기 위해 여러 번 부탁하듯이요.

⭐ **한자의 음과 뜻을 소리 내어 읽으며 따라 써 봐요.**

| 三 | 顧 | 草 | 廬 |

'초려(草廬)'는 짚이나 갈대 등으로 지붕을 이은 초가집을 말해요. 초가집을 세 번씩이나 찾아가 부탁했다는 뜻이에요. 집의 이름은 지붕을 얹는 재료에 따라 달라져요. 굴참나무의 껍질을 얹은 집을 굴피집, 기와를 얹으면 기와집 그리고 너와를 얹으면 너와집이라고 해요.

비슷한 고사성어 삼고지례(三顧之禮)

⭐ **고사성어를 읽으며 따라 써 봐요.**

| 삼 | 고 | 초 | 려 |

⭐ **고사성어의 뜻을 생각하며 따라 써 봐요.**

뛰어난 인재를 얻으려 노력하다.

유래: 유비는 뛰어난 지략가인 제갈량을 신하로 두기 위해 세 번이나 찾아갔어요. 유비의 정성에 감동한 제갈량이 결국 뜻을 함께하기로 했다는 이야기에서 유래했어요. 훗날 유비는 제갈량 덕분에 황제의 자리까지 올랐어요.

24 새옹지마 [塞翁之馬]

변방 새 늙은이 옹 갈 지 말 마

좋은 일이 있으면 나쁜 일도 있고, 나쁜 일이 있으면
좋은 일도 있다는 뜻이에요. 비가 와서
소풍을 못가 아쉬웠는데,
더 좋은 실내 놀이터에 가게 된 것처럼요.

★ 한자의 음과 뜻을 소리 내어 읽으며 따라 써 봐요.

| 塞 | 翁 | 之 | 馬 |

'새옹(塞翁)'은 옛날 중국 변방에 살았던 노인이에요. 이 고사성어는 변방에 살던 노인의 말이라는 뜻이에요. '새(塞)'는 나라의 경계가 되는 곳이나 성으로, '요새(要塞)'는 중요한 곳에 만들어 놓은 시설을 말해요. 비슷한 고사성어 전화위복(轉禍爲福)

⭐ **고사성어를 읽으며 따라 써 봐요.**

| 새 | 옹 | 지 | 마 | | 새 | 옹 | 지 | 마 |

⭐ **고사성어의 뜻을 생각하며 따라 써 봐요.**

좋은 일이 있으면 나쁜 일도 있다.

유래

옛날 중국 국경 근처에 살던 노인이 키우던 말이 국경을 넘어 도망갔어요. 그러더니 얼마 후 말이 다른 말을 데리고 돌아왔어요. 말이 두 필이 되었지만 아들이 그 말을 타다가 떨어져 다쳤지요. 하지만 그 덕분에 전쟁터에 나가지 않았다는 이야기에서 유래했어요.

25 순망치한 [脣亡齒寒]

입술 **순** 망할 **망** 이 **치** 찰 **한**

서로 가까운 관계로 한쪽이 잘못되면 다른 쪽도 영향을 받는다는 뜻이에요. 모둠 수업에서 누가 한 명 준비를 소홀히 하면 수업이 엉망이 되듯이요.

⭐ **한자의 음과 뜻을 소리 내어 읽으며 따라 써 봐요.**

脣 亡 齒 寒

'망(亡)'은 없어지다는 뜻이에요. 입술이 없어지면 이가 차갑게 시리다는 뜻이지요. '치(齒)'는 이를 말해요. 이를 치료하는 곳을 '치과(齒科)', 이가 아픈 것을 '치통(齒痛)', 이를 닦는 것을 '치약(齒藥)'이라고 해요. **비슷한 고사성어** 순치지국(脣齒之國)

⭐ **고사성어를 읽으며 따라 써 봐요.**

| 순 | 망 | 치 | 한 | 순 | 망 | 치 | 한 |

⭐ **고사성어의 뜻을 생각하며 따라 써 봐요.**

서로 의지하여 떨어질 수 없다.

유래

옛날 중국의 진나라가 괵나라를 정복하고자 하니 우나라에게 길을 빌려달라고 했어요. 그러자 한 신하가 괵나라와 우나라는 입술과 이와 같아서 괵나라가 없어지면 우나라도 위험할 거라며 반대했어요. 하지만 우나라는 길을 내어주었고, 신하 말대로 괵나라가 망하니 우나라도 망했다는 데에서 유래했어요.

26 양두구육 [羊頭狗肉]

양 **양** 머리 **두** 개 **구** 고기 **육**

겉은 번지르르하지만 속은 그렇지 못한 것을 뜻하는 말이에요. 과일 상자 속 위에 것은 크고 맛있어 보였는데 아래에는 작고 허접한 것이 있는 것처럼요.

⭐ **한자의 음과 뜻을 소리 내어 읽으며 따라 써 봐요.**

羊	頭	狗	肉

양의 머리를 내놓고 개고기를 판다는 말이에요. 옛날에는 양고기는 좋고 비싸고, 개고기는 질이 떨어져 쌌어요. 고기 파는 가게에서 양의 머리를 내놓으면 대부분 양고기를 판다고 생각할 거예요. 하지만 손님에게는 개고기를 내어주며 속인다는 뜻이에요.

비슷한 고사성어 표리부동(表裏不同)

⭐ **고사성어를 읽으며 따라 써 봐요.**

양	두	구	육

양	두	구	육

⭐ **고사성어의 뜻을 생각하며 따라 써 봐요.**

겉과 속이 다르다.

유래: 옛날 중국 어느 나라의 왕이 궁중의 여자들을 남자처럼 꾸미게 했어요. 백성들도 이를 따라하자 왕은 못하게 했지요. 궁중에서는 남장을 하게 하고 궁중 밖에서는 남장을 못하게 하는 것을 보고, 밖에 양머리를 걸고 안에서는 개고기를 파는 것과 같다는 데서 유래했어요.

27 양약고구 [良藥苦口]

어질 **량** 약 **약** 쓸 **고** 입 **구**

도움이 되는 말은 귀에 거슬린다는 뜻이에요.
건강을 위해 인스턴트 음식을 먹지 말라는
소리가 그다지 듣기 좋지 않은 것처럼요.

⭐ **한자의 음과 뜻을 소리 내어 읽으며 따라 써 봐요.**

良	藥	苦	口	良	藥	苦	口

'양약(良藥)'은 좋은 약이라는 뜻이에요. 즉 좋은 약은 입에 쓰다는 뜻이지요. '고(苦)'는 쓰다는 뜻 이외에 괴롭다는 뜻도 있어요. 몸이나 마음이 아프다는 '고통(苦痛)', 마음이 괴롭다는 '고민(苦悶)'에 써요. **비슷한 고사성어** 충언역이(忠言逆耳)

⭐ **고사성어를 읽으며 따라 써 봐요.**

| 양 | 약 | 고 | 구 | | 양 | 약 | 고 | 구 |

⭐ **고사성어의 뜻을 생각하며 따라 써 봐요.**

좋은 말은 귀에 거슬린다.

유래

중국의 유방은 군사를 일으켜 중국 진나라를 정복했어요. 그리고 편히 쉬려고 하자 부하가 남은 적을 소탕해야 한다고 했어요. 처음에는 부하의 말을 듣지 않다가 독한 약은 입에 쓰지만 병을 잘 낫게 한다는 말을 듣고 다시 전쟁터로 나갔다는 데서 유래했어요.

28 어부지리 [漁父之利]

고기 잡을 **어** 아버지 **부** 갈 **지** 이로울 **리**

두 사람이 싸우는 덕분에 엉뚱한 사람이 이익을 얻는다는 뜻이에요. 형이랑 동생이랑 싸운 덕분에 맛있는 케이크가 내 몫이 된 것처럼요.

★ 한자의 음과 뜻을 소리 내어 읽으며 따라 써 봐요.

漁	父	之	利	漁	父	之	利

'어부(漁父)'는 물고기 잡는 사람이고 '이(利)'는 이익을 말해요. 즉 어부의 이익이라는 뜻이지요. 이롭다는 뜻의 '이(利)'는 이익(利益), 이득(利得) 그리고 편하고 이용하기 쉽다는 뜻의 편리(便利)에도 써요. <비슷한 고사성어> 방휼지쟁(蚌鷸之爭)

⭐ **고사성어를 읽으며 따라 써 봐요.**

| 어 | 부 | 지 | 리 |

⭐ **고사성어의 뜻을 생각하며 따라 써 봐요.**

엉뚱한 사람이 이익을 얻다.

유래: 입을 벌리고 있는 조개를 보고 새가 날아왔어요. 그리고 조개를 잡아먹으려고 조개 입에 부리를 넣은 순간 조개가 입을 꽉 닫았지요. 그렇게 서로 놓아주지 않고 싸우고 있는데 지나가던 어부가 조개와 새 두 마리 다 잡아갔다는 데에서 유래했어요.

29 연목구어 [緣木求魚]

인연 **연** 나무 **목** 구할 **구** 물고기 **어**

할 수 없는 일을 굳이 하겠다고 고집부린다는 뜻이에요.
하늘의 별을 따겠다고 장대를 들고 흔들어 대는
것처럼요.

⭐ **한자의 음과 뜻을 소리 내어 읽으며 따라 써 봐요.**

緣	木	求	魚	緣	木	求	魚

나무에 올라 물고기를 구한다는 말이에요. 물고기를 나무에 올라가 잡겠다는 것처럼 불가능한 일을 하려는 어리석음을 가리키는 말이에요. '어(魚)'는 물고기라는 뜻으로 '대어(大魚)'는 큰 고기, '어뢰(魚雷)'는 물고기 모양처럼 생겨 적의 배를 파괴하는 무기를 말해요.

비슷한 고사성어 상산구어(上山求魚)

⭐ **고사성어를 읽으며 따라 써 봐요.**

연	목	구	어

⭐ **고사성어의 뜻을 생각하며 따라 써 봐요.**

불가능한 일을 굳이 하려고 한다.

유래

중국의 한 왕이 겉으로는 아닌 척하면서 속으로는 어떻게 하면 많은 나라를 정복할 수 있을지 고민했어요. 그 마음을 꿰뚫어 본 맹자는 힘으로 천하를 통일하는 것은 나무에 올라가 물고기를 구하는 것만큼 잘못된 방법이라고 말한 데서 유래했어요.

65

30 오월동주 [吳越同舟]

성씨 **오** 넘을 **월** 한 가지 **동** 배 **주**

서로 사이가 나쁘더라도 어려운 때는 마음을 모아 서로 돕는다는 뜻이에요. 평소에 사이가 좋지 않은 짝이라도 옆 반과 시합이 있을 때면 한마음인 것처럼요.

⭐ **한자의 음과 뜻을 소리 내어 읽으며 따라 써 봐요.**

| 吳 | 越 | 同 | 舟 | 吳 | 越 | 同 | 舟 |

'오(吳)'와 '월(越)'은 오나라와 월나라 사람을 말해요. 사이가 나쁜 오나라와 월나라 사람이라도 같은 배를 타면 서로 돕는다는 뜻이에요. 한 가지를 뜻하는 '동(同)'은 점수가 똑같다는 동점(同點), 같은 학교에서 공부한 사이인 '동창(同窓)', 같은 민족을 뜻하는 '동포(同胞)' 등에 써요. **비슷한 고사성어** 동주상구(同舟相救)

⭐ **고사성어를 읽으며 따라 써 봐요.**

오	월	동	주

오	월	동	주

⭐ **고사성어의 뜻을 생각하며 따라 써 봐요.**

어려울 때는 원수끼리도 힘을 합친다.

유래

월나라 사람과 오나라 사람은 사이가 안 좋아요. 그런데 함께 배를 타고 강을 건너다가 배가 뒤집힐 정도로 센 바람이 분다면 원수라도 서로 도울 것이라는 이야기에서 유래했어요.

31 와각지쟁 [蝸角之爭]

달팽이 **와** 뿔 **각** 갈 **지** 다툴 **쟁**

의미 없는 싸움이나 사소한 일로 싸우는 것을 말해요.
시간이 지나고 보면 친구와 싸웠던 것이
별것 아니었던 것처럼요.

⭐ **한자의 음과 뜻을 소리 내어 읽으며 따라 써 봐요.**

| 蝸 | 角 | 之 | 爭 |

달팽이 뿔 위에서 싸운다는 뜻이에요. 그만큼 필요 없는 싸움을 말해요. '쟁(爭)'은 다투다는 뜻이에요. 나라와 나라의 다툼인 '전쟁(戰爭)', 서로 의견이 다른 사람이 다투는 '논쟁(論爭)' 같은 목적에 대해 다투는 '경쟁(競爭)' 등에 써요.

비슷한 고사성어 와각지세(蝸角之勢)

⭐ **고사성어를 읽으며 따라 써 봐요.**

| 와 | 각 | 지 | 쟁 |

⭐ **고사성어의 뜻을 생각하며 따라 써 봐요.**

하찮은 일로 싸우다.

유래: 옛날 중국 위나라와 제나라는 서로 싸우지 않기로 했어요. 그런데 제나라가 약속을 어기자 위나라 왕이 몹시 화를 내며 당장 자객을 보내려 했어요. 그러자 한 신하가 전쟁을 일으키는 것은 백성들을 고통스럽게 하는 것이라며, 이 싸움은 달팽이 뿔 위에서 하는 것처럼 사소하다는 데서 유래했어요.

32 와신상담 [臥薪嘗膽]

누울 **와** 섶 **신** 맛볼 **상** 쓸개 **담**

마음먹은 일을 이루기 위해 온갖 괴로움을 참는다는 뜻이에요. 국가 대표 선수들이 좋은 성적을 올리기 위해 온갖 훈련을 다 참아내듯이요.

★ 한자의 음과 뜻을 소리 내어 읽으며 따라 써 봐요.

| 臥 | 薪 | 嘗 | 膽 | 臥 | 薪 | 嘗 | 膽 |

'신(薪)'이 뜻하는 섶은 땔나무를 말해요. 땔감 위에서 자며 쓸개를 맛본다는 말로 큰 목표를 이루기 위해 어떤 고난도 참고 이겨낸다는 뜻이에요. 쓸개는 간에서 나오는 쓸개즙을 저장해요. 쓸개즙은 맛이 아주 써서 쓸개라는 말도 '쓰다'에서 유래했다고 해요.

비슷한 고사성어 절치부심(切齒腐心)

⭐ **고사성어를 읽으며 따라 써 봐요.**

| 와 | 신 | 상 | 담 |

⭐ **고사성어의 뜻을 생각하며 따라 써 봐요.**

목적을 위해 어려움을 참고 견디다.

유래: 전쟁 중에 아버지를 잃은 아들이 원수를 갚기 위해 땔나무 위에서 잠을 자며 복수를 다짐했어요. 그리고 원수를 갚았지요. 몇 년 후에는 전쟁에서 패하자 쓸개를 늘 곁에 두어 쓴 맛을 보며 전쟁에서 졌던 것을 잊지 않았다는 이야기에서 유래했어요.

33 용두사미 [龍頭蛇尾]

용 **룡** 머리 **두** 긴 뱀 **사** 꼬리 **미**

처음에는 잘하지만 끝이 좋지 않다는 뜻이에요.
새해에 멋진 계획을 세우고 지키다가
점점 흐지부지 되듯이요.

⭐ **한자의 음과 뜻을 소리 내어 읽으며 따라 써 봐요.**

龍 頭 蛇 尾　　龍 頭 蛇 尾

용의 머리에 뱀의 꼬리라는 뜻이에요. 처음에는 용을 그리더니 점점 뱀의 꼬리가 되듯 시작은 좋았지만 갈수록 나빠진다는 말이에요. '두(頭)'는 머리라는 뜻 이외에 우두머리라는 뜻도 있어요. 우두머리를 '두목(頭目)', 맨 앞을 '선두(先頭)'라고 해요.

비슷한 고사성어 유두무미(有頭無尾)

⭐ **고사성어를 읽으며 따라 써 봐요.**

| 용 | 두 | 사 | 미 |

용두사미

⭐ **고사성어의 뜻을 생각하며 따라 써 봐요.**

처음은 좋지만 끝은 좋지 않다.

유래

옛날에 두 스님이 서로의 도를 알아보는 질문과 대답을 했어요. 그런데 한 스님이 질문을 하면 계속 버럭 소리를 질렀어요. 계속 소리만 지르자 겉보기에는 용의 머리처럼 훌륭한 듯했는데 실제로는 뱀의 꼬리처럼 형편없는 사람이겠다고 생각했다는 이야기에서 유래했어요.

34 우공이산 [愚公移山]

어리석을 우 공평할 공 옮길 이 메 산

한 가지 일을 꾸준하게 열심히 하면 성공할 수 있다는 뜻이에요. 해마다 꾸준히 식목일에 나무를 심어 푸른 산을 만들 듯이요.

★ 한자의 음과 뜻을 소리 내어 읽으며 따라 써 봐요.

愚	公	移	山

愚	公	移	山

'공(公)'은 상대방을 높여 부르는 말이며 '우공(愚公)'은 사람 이름이에요. 우공이 산을 옮긴다는 말이지요. 옮긴다는 뜻의 '이(移)'는 움직여 옮긴다는 '이동(移動)', 사는 곳을 다른 데로 옮기는 '이사(移徙)' 등에 써요. 비슷한 고사성어 사석위호(射石爲虎)

⭐ **고사성어를 읽으며 따라 써 봐요.**

| 우 | 공 | 이 | 산 | | 우 | 공 | 이 | 산 |

⭐ **고사성어의 뜻을 생각하며 따라 써 봐요.**

끊임없이 노력하면 큰일을 이룬다.

유래

우공은 나이가 아흔 살이나 된 노인이에요. 그런데 집 앞의 큰 산이 있어서 불편했지요. 그러자 우공은 산을 옮기기로 했어요. 얼마 살지 못할 노인이 왜 무모한 짓을 하느냐고 하자, 우공은 자신의 아들과 손자가 대를 이어 할 것이라는 이야기에서 유래했어요.

35 유비무환 [有備無患]

있을 **유** 갖출 **비** 없을 **무** 근심 **환**

미리 준비하면 걱정이 없다는 뜻이에요. 태풍이 오기 전에 미리 집 주변을 살피면 피해가 적고, 시험 보기 전에 미리 공부해 놓으면 잘 보듯이요.

⭐ **한자의 음과 뜻을 소리 내어 읽으며 따라 써 봐요.**

| 有 | 備 | 無 | 患 | 有 | 備 | 無 | 患 |

미리 갖춰 놓으면 근심이 없다는 말이에요. 갖추다는 뜻의 '비(備)'는 '준비(準備)', '대비(對備)'에 써요. 또 필요할 때 쓸 수 있게 준비하는 '상비(常備)', 사고가 나지 않도록 미리 살피는 '경비(警備)', 비 올 때 사용하는 '우비(雨備)'에도 써요.

비슷한 고사성어 거안사위(居安思危)

⭐ **고사성어를 읽으며 따라 써 봐요.**

유	비	무	환

유	비	무	환

⭐ **고사성어의 뜻을 생각하며 따라 써 봐요.**

미리 준비하면 걱정이 없다.

유래

중국 진나라의 신하는 나라가 편할 때일수록 대비해야 한다고 왕에게 말했어요. 그래야 뒤에 걱정이 없다고 말이지요. 왕도 신하의 말을 새겨들어 마침내 큰 나라를 이루었다는 이야기에서 유래했어요.

36 의기양양 [意氣揚揚]

뜻 의 기운 기 날릴 양 날릴 양

만족스럽거나 자랑스러워 뽐내는 모양을 말해요.
백점짜리 시험지를 부모님께
보여드릴 때처럼요.

★ 한자의 음과 뜻을 소리 내어 읽으며 따라 써 봐요.

| 意 | 氣 | 揚 | 揚 | 意 | 氣 | 揚 | 揚 |

'의기(意氣)'는 기세가 좋다는 뜻이고, '양양(揚揚)'은 뽐내다는 뜻이에요. 기세가 좋은 것을 뽐낸다는 뜻이지요. '양(揚)'은 '오르다'는 뜻도 있어요. 그래서 깃발을 높이 거는 '게양(揭揚)', 높은 곳으로 끌어올리는 '인양(引揚)' 등에 써요.

비슷한 고사성어 득의양양(得意揚揚)

⭐ **고사성어를 읽으며 따라 써 봐요.**

| 의 | 기 | 양 | 양 | | 의 | 기 | 양 | 양 |

⭐ **고사성어의 뜻을 생각하며 따라 써 봐요.**

뜻한 바를 이루어 뽐내다.

유래: 중국의 어느 재상이 높은 벼슬에 올라도 겸손했어요. 오히려 재상이 타는 수레를 끄는 마부가 으스댔지요. 그러자 그 모습을 본 마부의 아내가 창피하다고 하자 다시는 의기양양하지 않았다는 이야기에서 유래했어요.

37 일거양득 [一擧兩得]

한 **일** 들 **거** 두 **량** 얻을 **득**

한 가지 일로 두 가지 이익을 얻는다는 뜻이에요.
매일 줄넘기를 하면 줄넘기 실력도 늘고
키도 크고 건강해지듯이요.

★ 한자의 음과 뜻을 소리 내어 읽으며 따라 써 봐요.

| 一 | 擧 | 兩 | 得 | 一 | 擧 | 兩 | 得 |

하나를 들어 둘을 얻는다는 뜻이에요. 한 번에 두 가지를 얻는다면 정말 이익이겠지요. '득(得)'은 얻는다는 뜻으로, 경기에서 점수를 얻는 '득점(得點)', 일한 대가로 얻은 '소득(所得)', 그리고 배워서 자기 것으로 만드는 '습득(習得)'에 써요.

비슷한 고사성어 일석이조(一石二鳥)

⭐ **고사성어를 읽으며 따라 써 봐요.**

일	거	양	득

일	거	양	득

⭐ **고사성어의 뜻을 생각하며 따라 써 봐요.**

한 가지 일로 두 가지 이익을 얻다.

유래: 호랑이 두 마리가 소 한 마리를 두고 싸웠어요. 그 모습을 본 사내가 호랑이를 잡으려 하자 옆에 있던 아이가 말렸어요. 분명 두 마리가 싸우다 한 마리는 죽을 것이고 남은 한 마리는 기운이 빠질 테니 그 때 잡으라고요. 아이 말대로 사내는 기다렸다가 호랑이 두 마리를 모두 잡았다는 이야기에서 유래했어요.

38 절차탁마 [切磋琢磨]

끊을 **절** 갈 **차** 다듬을 **탁** 갈 **마**

학문과 덕행을 갈고 닦는다는 뜻이에요. 멋진 예술작품을 만들기 위해 작가들이 오랜 시간 동안 정성을 들이 듯이요.

★ **한자의 음과 뜻을 소리 내어 읽으며 따라 써 봐요.**

切	磋	琢	磨	切	磋	琢	磨

옥돌을 자르고 갈고 다듬는다는 뜻이에요. 옥돌 다듬듯 학문과 덕행을 닦아야 한다는 뜻이지요. 마(磨)는 '갈다', '닳다'는 뜻이에요. 표면을 반질반질하게 하는 '연마(研磨)', 두 물체가 서로 닿아 비벼지는 마찰(摩擦), 마찰 부분이 닳아서 없어지는 마모(磨耗)라고 해요.

비슷한 고사성어 절치부심(切齒腐心)

⭐ **고사성어를 읽으며 따라 써 봐요.**

| 절 | 차 | 탁 | 마 | | 절 | 차 | 탁 | 마 |

⭐ **고사성어의 뜻을 생각하며 따라 써 봐요.**

학문을 갈고 닦다.

유래: 공자에게 재주 많고 영리한 '자공'이라는 제자가 있었어요. 공자는 자공에게 같은 재료도 어떻게 다듬느냐에 따라 돌이 되기도 하고 옥이 되기도 한다며, 학문은 깎고 다듬고 쪼고 간 것이라고 가르쳤다는 이야기에서 유래했어요.

39 정중지와 [井中之蛙]

우물 정 가운데 중 갈 지 개구리 와

경험이나 아는 것이 적어서 세상 물정을 잘 모른다는 뜻이에요. 바다를 보지 못한 사람은 동네 저수지가 가장 넓은 줄로 아는 것처럼요.

★ 한자의 음과 뜻을 소리 내어 읽으며 따라 써 봐요.

井	中	之	蛙

우물 안의 개구리라는 뜻이에요. 우물 안에 있는 개구리는 우물이 세상 전부인 줄 알고, 우물 위로 보이는 하늘이 전부인 줄 알아요. 이처럼 아는 것도 없고 세상 넓은 줄도 몰라 세상 물정을 잘 모른다는 뜻이에요. 비슷한 고사성어 정저지와(井底之蛙)

⭐ **고사성어를 읽으며 따라 써 봐요.**

| 정 | 중 | 지 | 와 | 정 | 중 | 지 | 와 |

⭐ **고사성어의 뜻을 생각하며 따라 써 봐요.**

아는 것이 적고 세상 이치를 모른다.

유래

황하의 신 하백은 북해 바다를 처음 보고 깜짝 놀랐어요. 황하가 가장 넓은 줄 알았는데 더 넓은 곳이 있다는 것을 깨달았기 때문이에요. 그것을 보고 북해의 신이 '하백이 자신의 부족함을 알게 되었으니 더 많은 이야기를 나눌 수 있겠다.'고 한 데에서 유래했어요.

40 조삼모사 [朝三暮四]

아침 **조** 석 **삼** 저물 **모** 넉 **사**

결과는 같은데 눈앞의 차이만 보는 어리석음을 뜻해요.
가격이나 양은 같은 과자라도 대용량 포장보다
1+1에 더 싸다고 생각하듯이요.

★ **한자의 음과 뜻을 소리 내어 읽으며 따라 써 봐요.**

朝	三	暮	四	朝	三	暮	四

아침에 세 개 저녁에 네 개라는 뜻이에요. '조(朝)'는 아침이라는 뜻이에요. 아침밥은 조식'(朝食)', 아침에 발행하는 신문을 조간'(朝刊)', 아침저녁을 뜻하는 '조석(朝夕)' 그리고 아침 모임을 '조례(朝禮)'라고 해요. **비슷한 고사성어** 감언이설(甘言利說)

⭐ **고사성어를 읽으며 따라 써 봐요.**

| 조 | 삼 | 모 | 사 | 조 | 삼 | 모 | 사 |

⭐ **고사성어의 뜻을 생각하며 따라 써 봐요.**

어리석어 결과가 같은 것을 모른다.

유래

옛날 원숭이를 키우던 사람이 원숭이 수가 늘어나자 먹이를 구하기가 쉽지 않았어요. 그래서 원숭이들에게 아침에 도토리를 세 개, 저녁에 네 개 준다고 했더니 싫다고 했어요. 그래서 아침에 네 개, 저녁에 세 개 준다고 했더니 좋아했다는 이야기에서 유래했어요.

41 중과부적 [衆寡不敵]

무리 중 적을 과 아닐 부 대적할 적

적은 수로는 이기기 힘들다는 뜻이에요. 줄다리기를 할 때 아무리 어른이라도 아이들이 훨씬 많으면 불리하듯이요.

⭐ **한자의 음과 뜻을 소리 내어 읽으며 따라 써 봐요.**

衆	寡	不	敵

무리가 적으면 많은 수를 대적할 수 없다는 뜻이에요. '적(敵)'은 힘으로 맞서 겨룬다는 뜻이에요. 잡아먹히는 동물 입장에서 잡아먹는 동물을 '천적(天敵)'이라고 해요. 적에 마주 대하는 것을 '대적(對敵)', 적의 군대를 '적군(敵軍)'이라고 해요.

비슷한 고사성어 과부적중(寡不敵衆)

⭐ **고사성어를 읽으며 따라 써 봐요.**

| 중 | 과 | 부 | 적 |

⭐ **고사성어의 뜻을 생각하며 따라 써 봐요.**

적은 수로 많은 적을 이기지 못한다.

유래

제나라의 왕이 여러 나라의 우두머리가 되려면 어떻게 해야 할지 맹자에게 물었어요. 그러자 맹자는 작은 것은 큰 것을 이기지 못하고, 소수는 다수를 대적하지 못하며 약자는 강자에게 패한다고 했어요. 그러면서 제나라 혼자 여러 나라를 이기는 것은 불가능하다고 한 이야기에서 유래했어요.

42 천고마비 [天高馬肥]

하늘 **천** 높을 **고** 말 **마** 살찔 **비**

가을은 날씨가 아주 좋은 계절이라는 뜻이에요.
가을에는 활동하기 좋아 소풍도 많이 가고
운동회도 많이 하듯이요.

★ 한자의 음과 뜻을 소리 내어 읽으며 따라 써 봐요.

天	高	馬	肥	天	高	馬	肥

하늘이 높고 말이 살찐다는 뜻이에요. 날씨 좋은 가을을 나타내는 고사성어지요. '고(高)'는 높다는 뜻이에요. 가장 높다는 뜻의 '최고(最高)', 나이가 많다는 뜻의 '고령(高齡)', 높은 온도인 '고온(高溫)', 높은 곳에 있는 벌판인 '고원(高原)' 등에 써요.

비슷한 고사성어 추고마비(秋高馬肥)

⭐ **고사성어를 읽으며 따라 써 봐요.**

| 천 | 고 | 마 | 비 | | 천 | 고 | 마 | 비 |

⭐ **고사성어의 뜻을 생각하며 따라 써 봐요.**

가을은 날씨가 좋은 계절이다.

유래: 옛날 중국은 흉노족이 국경을 자주 넘어왔어요. 겨울이면 먹을 것이 없어서 가을에 수확한 것을 빼앗기 위해서였지요. 그래서 중국인들은 가을이 되어 하늘이 높고 말이 살찌면 흉노족이 쳐들어올 것을 걱정했다는 이야기에서 유래했어요.

43 청출어람 [靑出於藍]

푸를 **청** 날 **출** 어조사 **어** 쪽 **람**

스승보다 제자가 더 낫다는 뜻이에요. 줄넘기를 못하는 친구를 가르쳐 주었더니 나중에 나보다 이단뛰기를 더 잘하게 되는 것처럼요.

★ **한자의 음과 뜻을 소리 내어 읽으며 따라 써 봐요.**

푸른색은 쪽빛에서 나온다는 뜻이에요. '쪽'은 옷감을 염색할 때 사용하는 풀이에요. 쪽을 찧으면 푸른 물이 나오는데 그 색깔이 원래 쪽빛보다 진하다고 해요. 푸르다는 뜻의 '청(靑)'은 운동회 때 '청군(靑軍)', 화폐나 동상을 만드는 '청동(靑銅)' 등에 써요.

비슷한 고사성어 출람지재(出藍之才)

⭐ 고사성어를 읽으며 따라 써 봐요.

| 청 | 출 | 어 | 람 | | 청 | 출 | 어 | 람 |

⭐ 고사성어의 뜻을 생각하며 따라 써 봐요.

스승보다 제자가 낫다.

유래

순자는 학생들에게 공부를 게을리하지 말라고 했어요. 쪽에서 푸른색을 얻지만 쪽빛이 더 푸르고, 물이 얼음을 만들지만 얼음이 더 차듯이 스승보다 뛰어난 제자가 있을 수 있다고 한 말에서 유래했어요.

44 촌철살인 [寸鐵殺人]

마디 **촌** 쇠 **철** 죽일 **살** 사람 **인**

말 한마디에 상처받기도 하고 감동받기도 한다는 뜻이에요.
엄마가 정성껏 만든 요리지만 맛이 없다고
사실대로 말하는 것처럼요.

★ **한자의 음과 뜻을 소리 내어 읽으며 따라 써 봐요.**

寸	鐵	殺	人	寸	鐵	殺	人

촌(寸)은 3cm 정도로, 촌철(寸鐵)은 3cm 정도의 날카로운 쇠붙이를 말해요. 그리고 이 고사성어에서 살인(殺人)은 사람을 죽이는 것이 아니라 마음속의 잡념을 없앴다는 뜻이에요. '철(鐵)'은 쇠라는 뜻 이외에 단단하다는 뜻도 있어요. 몸이 강한 사람을 '철인(鐵人)', 쇠로 만든 것처럼 강한 벽을 '철벽(鐵壁)'이라고 해요. **비슷한 고사성어** 정문일침(頂門一鍼)

⭐ **고사성어를 읽으며 따라 써 봐요.**

| 촌 | 철 | 살 | 인 | | 촌 | 철 | 살 | 인 |

⭐ **고사성어의 뜻을 생각하며 따라 써 봐요.**

짧은 말로 상대방의 마음을 흔들다.

유래

옛날 중국의 한 스님이 무기를 가득 가지고 있다고 해서 살인을 할 수 있는 것이 아니라 작은 쇳조각이라도 사람을 죽일 수 있다는 이야기에서 유래했어요. 여기서 살인은 마음에 가득한 번뇌를 없애고 깨달음을 얻는 것을 말해요.

45 타산지석 [他山之石]

다를 **타** 메 **산** 갈 **지** 돌 **석**

다른 사람의 실수가 나에게는 커다란 교훈이 될 수 있다는 뜻이에요. 미술 시간에 물통을 엎지른 친구를 보고 조심하는 것처럼요.

⭐ **한자의 음과 뜻을 소리 내어 읽으며 따라 써 봐요.**

| 他 | 山 | 之 | 石 |

다른 산의 돌이라는 뜻으로, 다른 사람의 말과 행동이 나에게 도움이 된다는 뜻이에요. '석(石)'은 '돌'이라는 뜻이에요. 바위에 뚫은 굴을 '석굴(石窟)'이라고 하고 우주에서 떨어진 돌을 '운석(隕石)', 돌로 만든 사람이나 동물 형상을 '석상(石像)'이라고 해요.

비슷한 고사성어 반면교사(反面教師)

⭐ **고사성어를 읽으며 따라 써 봐요.**

| 타 | 산 | 지 | 석 |

타 산 지 석

⭐ **고사성어의 뜻을 생각하며 따라 써 봐요.**

다른 사람의 실수가 나에게 교훈이 된다.

유래

〈시경〉이라는 책에 '다른 산의 돌이라도 옥을 갈 수 있구나.'라는 시구가 있어요. 다른 산에 있는 별로 쓸모없는 돌이라도 가져와서 숫돌로 쓰면 내 옥을 가는 데 쓸 수 있다는 이야기에서 유래했어요.

46 파죽지세 [破竹之勢]

깨뜨릴 **파** 대 **죽** 갈 **지** 형세 **세**

거칠 것 없이 힘차게 나아가는 모습을 말해요.
공부를 열심히 하면 시험 볼 때
문제를 거침없이 풀듯이요.

⭐ **한자의 음과 뜻을 소리 내어 읽으며 따라 써 봐요.**

| 破 | 竹 | 之 | 勢 | 破 | 竹 | 之 | 勢 |

대나무를 쪼개는 기세라는 뜻이에요. 대나무는 줄기를 쪼개기가 쉽지 않아요. 하지만 한 번 힘껏 내리치면 끝까지 쉽게 쪼개져요. '세(勢)'는 기운차게 뻗치는 것을 말해요. 일이 진행되는 결정적인 형세를 '대세(大勢)', 실제 세력을 가진 사람을 '실세(實勢)'라고 해요.

비슷한 고사성어 세여파죽(勢如破竹)

⭐ **고사성어를 읽으며 따라 써 봐요.**

| 파 | 죽 | 지 | 세 |

⭐ **고사성어의 뜻을 생각하며 따라 써 봐요.**

세력이 강해 맞설 상대가 없다.

유래

중국의 진나라가 오나라를 치려고 했어요. 그런데 한 장수가 당장 오나라를 치는 것은 쉽지 않으니 나중에 공격하자고 했지요. 그러자 장군이 병사들 사기가 대나무를 깨뜨릴 기세라며 바로 오나라를 함락시켰다는 이야기에서 유래했어요.

47 형설지공 [螢雪之功]

반딧불이 형 눈 설 갈 지 공 공

어려움 속에서 공부한다는 뜻이에요.
어렸을 때 집안이 어려워 일을 하며 공부한
미국의 대통령 링컨처럼요.

★ 한자의 음과 뜻을 소리 내어 읽으며 따라 써 봐요.

| 螢 | 雪 | 之 | 功 |
| 螢 | 雪 | 之 | 功 |

'공(功)'은 보람, 업적이라는 뜻이에요. 이 고사성어는 반딧불과 눈의 업적이라는 뜻으로 어렵게 공부해서 큰 보람을 얻었다는 뜻이에요. '공(功)'은 목적한 것을 이루었다는 '성공(成功)', 목적을 이루는데 들인 노력을 뜻하는 '공로(功勞)', 공로가 있는 사람을 뜻하는 '유공자(有功者)'에 써요. 비슷한 고사성어 주경야독(晝耕夜讀)

⭐ **고사성어를 읽으며 따라 써 봐요.**

| 형 | 설 | 지 | 공 |

⭐ **고사성어의 뜻을 생각하며 따라 써 봐요.**

고생을 하며 공부를 하다.

유래 옛날 '손강'과 '차윤'이라는 사람은 집이 가난해서 기름 살 돈도 없었어요. 그래서 손강은 겨울에 눈을 쌓아 눈빛으로 책을 읽고, 차윤은 여름에 반딧불을 잡아 글을 비추어 공부를 했대요. 그리고 둘 다 높은 벼슬에 올랐다는 이야기에서 유래했어요.

48 호가호위 [狐假虎威]

여우 호 거짓 가 범 호 위엄 위

다른 사람의 힘을 빌려 으스대는 것을 말해요.
반장이랑 친하다고 해서 마치 자기가 반장인 듯
아이들 앞에 나서는 것처럼요.

⭐ 한자의 음과 뜻을 소리 내어 읽으며 따라 써 봐요.

| 狐 | 假 | 虎 | 威 | 狐 | 假 | 虎 | 威 |

여우가 거짓으로 호랑이의 위엄을 빌린다는 뜻이에요. '가(假)'는 거짓이라는 뜻이에요. 임시로 붙인 제목을 '가제(假題)', 얼굴을 감추는 '가면(假面)', 실물처럼 보이는 거짓 모습인 '가상(假像)', 말이나 행동을 거짓으로 꾸미는 것을 '가식(假飾)'이라고 해요.

비슷한 고사성어 가호위호(假虎威狐)

⭐ **고사성어를 읽으며 따라 써 봐요.**

| 호 | 가 | 호 | 위 |

⭐ **고사성어의 뜻을 생각하며 따라 써 봐요.**

다른 사람의 권세로 허세를 부리다.

유래

어느 날, 호랑이한테 잡힌 여우가 꾀를 냈어요. 자신은 하늘에서 온 사신이며 그래서 모든 동물이 자신을 무서워한다고 했지요. 호랑이가 여우 말을 듣고 뒤따라가 보니, 동물들이 호랑이인 자기를 보고 피하는 것을 여우를 보고 피한다고 생각했다는 이야기에서 유래했어요.

49 환골탈태 [換骨奪胎]

바꿀 **환** 뼈 **골** 빼앗을 **탈** 아이 밸 **태**

몸이나 얼굴이 몰라볼 정도로 변하거나 문장이 완전히 바뀌었다는 뜻이에요. 친척 결혼식에 가려고 오랜만에 미용실에 다녀온 엄마처럼요.

★ 한자의 음과 뜻을 소리 내어 읽으며 따라 써 봐요.

換	骨	奪	胎	換	骨	奪	胎

뼈를 바꾸고 태를 벗는다는 뜻으로, 겉모습이 아주 변했다는 뜻이에요. '환(換)'은 바꾼다는 뜻이에요. 서로 바꾼다는 뜻의 '교환(交換)', 서로 교환한다는 '호환(互換)', 돈이나 물건을 바꾸어 지불한다는 '환불(換拂)'에 써요. **비슷한 고사성어** 일취월장(日就月將)

⭐ **고사성어를 읽으며 따라 써 봐요.**

| 환 | 골 | 탈 | 태 | 환 | 골 | 탈 | 태 |

⭐ **고사성어의 뜻을 생각하며 따라 써 봐요.**

모습이 몰라볼 정도로 변하다.

유래

'교' 왕자는 아버지와 뜻이 달라 결국 궁에서 쫓겨났어요. 산을 헤매다 강에 이른 왕자는 강가에 있는 배를 타고 가다가 신선을 만났어요. 그리고 특별한 술을 마시고 사람의 몸과 태를 벗어 신선이 되었다는 이야기에서 유래했어요.

50 후안무치 [厚顔無恥]

두터울 **후**   낯 **안**   없을 **무**   부끄러울 **치**

부끄러움을 알지 못하고 뻔뻔스럽다는 뜻이에요.
쓰레기를 아무렇지도 않게 함부로 버리고
새치기를 하는 사람들처럼요.

⭐ **한자의 음과 뜻을 소리 내어 읽으며 따라 써 봐요.**

| 厚 | 顔 | 無 | 恥 |

낯은 얼굴을 말해요. 얼굴이 두꺼워 부끄러움을 모른다는 뜻이에요. 얼굴을 뜻하는 '안(顔)'은 어린아이의 얼굴을 뜻하는 '동안(童顔)', 임금의 얼굴을 높여 부르는 '용안(龍顔)', 얼굴을 뜻하는 '안면(顔面)' 등에 써요. **비슷한 고사성어** 안하무인(眼下無人)

⭐ **고사성어를 읽으며 따라 써 봐요.**

| 후 | 안 | 무 | 치 | | 후 | 안 | 무 | 치 |

⭐ **고사성어의 뜻을 생각하며 따라 써 봐요.**

뻔뻔하고 부끄러운 것을 모른다.

유래: 옛날 중국의 한 왕이 정치는 하지 않고 사냥에 빠져 있었어요. 백성들도 나 몰라라 하는 터라 신하들이 왕을 내쫓아버렸어요. 그러자 왕의 형제들이 '백성들이 우리를 원수라고 하니 낯이 뜨겁고 부끄럽다'고 노래했다는 이야기에서 유래했어요.

하루 1장 기적
고사성어 따라 쓰기

2023년 3월 20일 초판 인쇄
2023년 3월 30일 초판 발행

발행처 ㈜고은문화사 | **발행인** 황경태
편집책임 김양섭 | **편집** 황혜리, 천의진
주소 서울시 구로구 디지털로26길 61, 18층
신고번호 제25100-2021-000039호
전화 (02)875-1127 | **팩스** (02)875-0733

ISBN 979-11-90746-84-7

＊이 책은 저작권법에 따라 보호를 받는 저작물이므로 무단 전재와 무단 복제를 금지합니다.
＊잘못된 책은 구입하신 서점에서 바꿔드립니다.
＊책값은 뒤표지에 있습니다.